Pídeselo al Universo

ROBIN
BOOK

Pídeselo al Universo

Bärbel Mohr

Traducción de Eva Nieto Silva

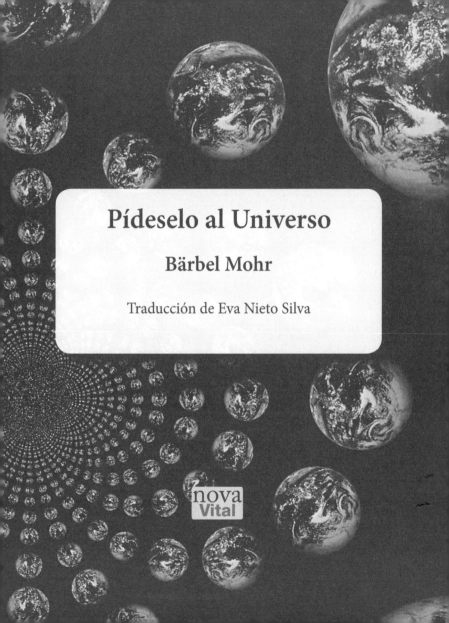

novaVital

Título original: *Reklamationen beim Universum*
© Omega-Verlag
© Ediciones Robinbook, s. l., Barcelona

Diseño de cubierta e interior: Regina Richling
Fotografías de cubierta e interior: iStockphoto

ISBN: 978-84-9917-314-6
Depósito legal: B-623-2014

Impreso por Sagrafic, Plaza Urquinaona, 14 7º 3ª,
08010 Barcelona
Impreso en España - *Printed in Spain*

Índice

7

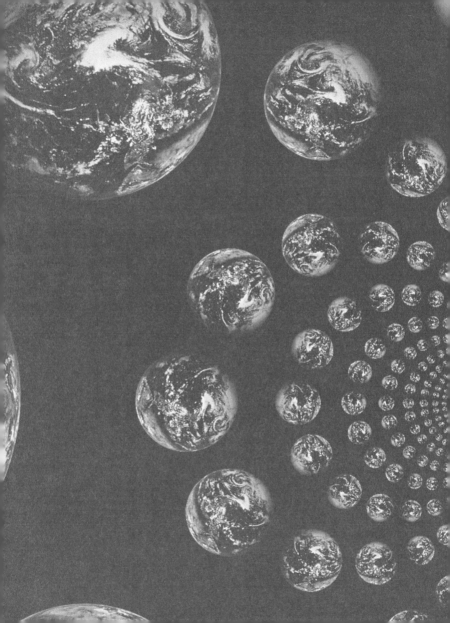

Introducción

Querido lector,

Desde que, hace ya cinco años, escribí *Bestellungen beim Universum*[1] que iba destinado a un pequeño grupo de personas y en principio sólo se podía adquirir en forma de copia, ya se ha hecho mucho sobre el tema. Todavía me siento asombrada por el alud provocado por *Bestellungen beim Universum* y estoy fascinada por los resultados. El libro me ha aportado muchos conocimientos. Y la obra de profundización *Der kosmische Bestellservice* (*El servicio cósmico de atención al cliente*) también me ha supuesto un gran feedback por parte de los lectores, ya sea en forma de cartas, seminarios y conferencias en los que algunas personas, con sus encargos al por mayor, me han mostrado que ya hace tiempo que me sobrepasaron. Es como si yo les hubiera recordado sus propias fuerzas y posibilidades y ellos las hubieran puesto en marcha de forma inmediata.

No obstante, también existe otro tipo de lectores. Son los que, de vez en cuando, hacen trampas. ¿Hacer trampas? Sí, exactamente eso. Lo estás leyendo bien. ¡Han hecho trampas! ¡Y además en su propio perjuicio!

Pero dado que el Universo nos podría señalar sin ningún tipo de problemas el momento en que nos hacemos trampas a nosotros mismos, ¿podríamos nosotros plantearle nuestras quejas y reclamaciones cuando no se haya realizado alguno de los encargos? ¡Por supuesto que sí!

---

1. *Encargos al Universo: un manual para cumplir los sueños*, Editorial Sirio, S.A, Málaga, 2004. (N. de la T.)

Quien desee hacer una petición puede tener la seguridad de encontrar en este librito una gran cantidad de propuestas para hacer constar en acta el .problema y las demoras en la entrega, y todo ello en un tiempo razonable.

Deseo que te vaya bien tu encargo.

Afectuosamente:

BÄRBEL MOHR

Las peticiones
al Universo

Las peticiones al Universo son: 1

Un cambio conceptual: «El mundo es lo que nosotros pensamos de él». Un cambio del enunciado: «Los estados internos deciden las circunstancias externas» ....un cambio de frase: **«La fe mueve montañas»**. ...un método para ser «ingenuo o naif de una forma inteligente». Todas las explicaciones racionales para tratar de explicar cómo funciona no sirven de nada si tenemos el sentimiento básico de: «¿Oh, cómo puede ser complicado esto si yo lo he logrado tan bien?».

2 Único objetivo

El único **objetivo** consiste en tener tranquilo el intelecto para que él mismo, sin preocupaciones, pueda ceder el paso a la **intuición.** El camino más adecuado para ti es el que te hará conseguirlo de la forma más sencilla.

Alegría vital 3

Incluso si somos «relativamente negativos», hay ocasiones en que conseguimos recibir pequeñas peticiones para que siempre «estemos al tanto», a fin de que la vida nos agasaje de nuevo con **la alegría.**

Si decidimos ser infelices, la intuición no funciona bien

Ingenuidad inteligente

4

La intuición no funciona en la mayoría de los casos como fruto de una mera objetividad racional o intelectual. ¡Aparece sobre todo allí donde la vida es considerada **alegre, ingenua y juguetona!**

5   Otras peticiones son:

El comienzo de una vida en la que se van a **cumplir los deseos** tan pronto como sean pensados. En ocasiones se harán posible cosas que cualquier estadística echaría por tierra.

Un pequeño esfuerzo

6

Las peticiones al Universo no significan quedarse tumbado en la hamaca con total apatía, porque no hacer nada, a la larga, no resulta divertido. El concepto de un «no hacer nada» duradero no encaja en el Universo, que está formado de **alegría y felicidad.**

7 La luz del Universo

Las doctrinas iniciáticas dicen que todo se puede conseguir si se dispone de la **luz.** Y la luz se obtiene cuando uno la recoge de su propio ser interior.

Inhala tu luz 8

Uno puede limitarse a contemplar la salida del sol o, gracias a un propósito interior, inhalar la luz que se guarda en esa salida y **utilizarla para crear.**

9   El mejor momento

El mejor momento para hacer peticiones al Universo es a la salida del sol, cuando hay una fuerte conexión con la **energía creadora**, con la luz.

Genera la paz

10

Nosotros siempre podemos generar la paz en nuestro cuerpo, en nuestros pensamientos y en nuestras sensaciones si, de verdad, queremos conseguir la **felicidad en el mundo.**

Las «súplicas al cielo»
sólo confirman que no
tenemos algo

Las circunstancias 11

Los hombres piensan que las circunstancias pueden depertar en ellos una **diversidad de cualidades o defectos.** ¿Pero no puede ocurrir al contrario, que sean nuestras cualidades y defectos los que generen las circunstancias?

12 Las acciones externas

No tenemos la posibilidad de **modificar nuestra vida** por medio de acciones externas, ya que esas acciones sólo pueden dar resultados cuando se ajustan a nuestro ser interior.

Modifica tus pensamientos 13

Lo que podemos modificar en cualquier momento son nuestros pensamientos y nuestros rasgos característicos. Sin embargo, eso sería algo que en muchas ocasiones percibimos como demasiado agotador, y no queremos admitir que **disponemos de libre albedrío** para modificar nuestro carácter.

14 Modifica tu actitud

Nuestros pensamientos y nuestras características son los que dan forma a nuestra vida. Si somos capaces de modificar nuestros pensamientos y nuestra actitud, podremos cambiar todo lo demás y conseguir el **cielo en la Tierra.**

Para alcanzar cierto equilibrio, basta con ser más amable con uno mismo

15 Un sincero encargo al Universo

No hay que practicar un minucioso ritual diario para poder cambiar algo en la vida, basta con una sincera petición al Universo. Mostrar de una forma sencilla que estamos abiertos a la posibilidad de que **aquello que deseamos** podemos conseguirlo.

Sentirse bien

16

Aprende cómo sentirte bien a lo largo de la vida diaria. Quien se siente bien consigo mismo y se acepte como es, conseguirá de forma intuitiva **alcanzar la felicidad.**

17 Percibe tu ser interior

Resulta suficiente con un poco de entrenamiento, sentarse unos minutos en una silla, respirar con profundidad y percibir el propio ser interior. Son muchas las ocasiones en que no se recibe la respuesta deseada, pero cada vez hay más personas que perciben con toda claridad la **voz de su intuición.**

Conecta con el Universo

18

La clave para conseguir una buena comunicación con el Universo es partir de un **estado interior relajado**. Si padecemos estrés o estamos sometidos a presión, o si nuestra inteligencia se muestra demasiado activa, no es posible que surja esta conexión.

19 Relájate y sé feliz

Hay que mantenerse relajado y feliz a la hora de realizar nuestras peticiones, pues en caso contrario, no se escuchará la **respuesta del Universo** y no se cumplirán nuestros deseos.

Reconoce tu pensamiento

20

Pedirle algo al Universo no es otra cosa que reconocer que con nuestro propio pensamiento generamos nuestro entorno. **Cada pensamiento es una semilla** que tiene el afán de hacerse realidad.

21 Pensamiento constructivo

Un encargo al Universo realizado de un modo preciso y sencillo, puede conseguir que en un rincón del jardín de nuestro pensamiento **crezcan orquídeas** y no mala hierba.

Tu propio estilo

22

No se necesita disponer de una especial iluminación para hacer una petición al Universo, basta con seguir nuestro propio estilo con **sencillez y constancia**.

23 Siente tu interior

La tarea consiste en sentir más en tu interior qué detalles, formulaciones o momentos de la petición son los que mejor te hacen sentir más **fuerte, lúcido y jovial.**

No hagas trampas 24

Quien sea tramposo o sólo haga las cosas **sin preguntar** a su yo interior, es mejor que se siente a esperar porque el encargo al Universo puede tardar en llegar.

Hay que estar en armonía
con uno mismo para
conectarse con el
Universo

Espera la señal

25

Pídele al Universo que te gustaría recibir una señal para saber si la petición que has realizado sigue su proceso y **pronto lo recibirás.**

26 Reclamaciones al Universo

Si se hace una reclamación al Universo porque tu encargo no ha llegado, es interesante pasar revista a las peticiones que has hecho hasta ahora. Averiguar **cuáles han funcionado** y cuáles no.

El camino de la fuerza interior 27

Quien está relajado libera del pensamiento el sentir temor ante los cambios. Deja que sea la intuición la que te guíe hacia **nuevas experiencias** sin pensar que puedes equivocarte.

28 Escucha el yo interior

Hay que saber en qué momento se debe cambiar en la vida y cuándo hay que frenar. Es necesario escuchar **los consejos** que vienen de **nuestro interior**, y de esta forma estar preparado para recibir un paquetito de obsequio.

Diálogo con el Universo

29

Si se mantiene un diálogo constante con el Universo, se le puede preguntar qué es lo que se hace mal. El Universo te contestará y **sólo hay que escucharlo**. Puede que la respuesta no sea directa pero, a lo mejor, dos esquinas más allá de donde estás ahora, hay alguien que dice de repente una frase que se refiere en concreto a ti.

30   La pareja ideal

Si no te quieres a ti mismo, entonces no habrá una relación de pareja ideal que el Universo te pueda ofrecer y enviar. Lo primero que debes procurar es **rescatarte a ti mismo** y quererte mucho más.

Si uno es feliz puede
tenerlo todo y no
necesitar nada

31   Ámate sin condiciones

Tienes que amarte a ti mismo y escuchar los consejos que vienen de tu interior, sólo de esa manera conseguirás tu pareja ideal. Si ya lo has conseguido y te amas sin condiciones, el Universo te podrá suministrar **la persona de tus sueños.**

Disfruta del presente

32

Quien **saborea el presente** y disfruta de él, queda liberado de peticiones automáticas que han sido erróneas a causa de una serie de acontecimientos que se repiten desde hace una eternidad.

33 Por ti mismo

Uno debe hacer algo por sí mismo para que el Universo envíe las ayudas adecuadas a fin de que todo vaya mejor. Desde arriba te pueden remitir las entregas más geniales, pero tú también debes **hacer algo bueno** por ti mismo.

Nuestra actitud ante el Universo

Pide un mensaje

34

El Universo es capaz de entregar todos los pedidos, incluso los más complicados y retorcidos. Y si no se hace la entrega es que ha ocurrido algo. Entonces en nuestra reclamación habremos de pedir un mensaje más claro que nos informe de lo que **debemos cambiar**, tanto dentro de nosotros como de nuestro entorno.

35   Sé amable

Mientras esperamos nuestra respuesta individual, debemos ser amables con nosotros mismos, constituirnos en nuestra propia pareja ideal y **liberarnos de automatismos** internos tanto en el pensamiento como en los sentimientos.

Los milagros existen

36

Los milagros son siempre posibles si uno está capacitado para sacar fuerzas del momento, y no mantiene su mente atascada ante el presente o el futuro. Eso se consigue si se **vive en un estado de paz interior.**

37 Energía interior

Si tienes energía y poder interior pueden suceder los milagros. La paz interna que uno desarrolla abre las posibilidades para **conseguir sin temor lo que uno desea,** mientras que el sentimiento de frustración, de ira y de amargura las cierran.

Somos electrones 38

Somos unos ruidosos electrones que giran en torno al núcleo del átomo y se superponen a sus energías y oscilaciones. Los límites aparentes de «aquí estoy yo y tú empiezas ahí» son más bien un engaño óptico que simula una ilusión. En realidad **todo se superpone y está unido entre sí.**

Debemos apreciarnos
por lo que somos

Pon tu granito de arena

39

El Universo se esfuerza mucho para abastecernos de todo y para que disfrutemos de una vida maravillosa, pero **¿Qué hacemos nosotros?** Malgastamos nuestro tiempo con lamentaciones y pensamientos negativos, y nos limitamos a dejar pasar las peticiones al estar demasiado ocupados en enfadarnos con cualquier tontería.

40 Ten ánimo positivo

Si tienes un ánimo positivo las influencias negativas del entorno no son capaces de actuar sobre ti. Si te encuentras mal, pero colocas a tu alrededor un manto de protección de luz, **comprobarás su efecto beneficioso.**

Fuerza interior

41

Despierto a la Gran Fuerza que reside dentro de mí. Los brazos acogedores de mi Luz Interior me envuelven y me mantienen a salvo. **Me siento bien cuidada.** Abandono cualquier necesidad de controlar cualquier cosa o persona a mi alrededor y confío en que no sufriré daño alguno.

42 Es muy sencillo

Por suerte, es muy sencillo y agradable llegar a eso: ¡Basta sólo con ser amable consigo mismo! Si yo, de una forma consciente, hago en el presente algo que resulta **ser bueno para mí**, conseguiré eliminar la automatización de mis sentimientos y percepciones y estar abierto a nuevos y maravillosas peticiones.

Quiere a los demás

43

Al expresar que se deben hacer cosas «que sean buenas para uno mismo» quiere decir que sean buenas para los sentidos, las experiencias y los sentimientos. Por ejemplo: causar alegría entre las personas de tu entorno, por medio de **la meditación, la relajación y la permanencia en la Naturaleza.**

44

La pereza

El único inconveniente de mimarse a sí mismo es volverse demasiado perezoso **para practicar la amabilidad con nosotros.** Debemos evitar quedarnos atrapados en nuestros sueños negativos.

La letra pequeña

45

En las relaciones con el Universo también es muy importante leer la letra pequeña. Si nuestros mensajes al Universo se basan en que se tienen que hacer realidad mis pensamientos y sensaciones, los de **allí arriba se lo toman en serio.**

46 Los pensamientos positivos

Los pensamientos positivos tienen una fuerza poderosamente ordenada y se realizan de una forma bastante directa, aun cuando sean pensados y expresados de forma **ingenua, luminosa y sencilla.**

Busca la luz

47

Los miedos, las preocupaciones, las dudas y los temores, la mayoría de las veces, son desordenados y débiles. No iluminan, su luz es débil y por eso tienen poca fuerza para poder **transformar la materia.**

48 Evita lo negativo

Los pensamientos sombríos no consiguen otra cosa que **convertir una situación óptima en algo negativo.** Y lo que es peor, al final acabamos creyendo que esa es la única realidad.

La luz positiva

49

L a luz es el componente a partir del cual se genera la realidad. Un pensamiento positivo lleno de luz se compone de mucho **material de construcción.** En cambio un pensamiento negativo nos sumerge en una oscuridad sin límites.

Cada uno es su propio maestro

Ilumina tu vida

50

Cuanto más negativa sea la orientación de tu percepción, es decir, cuanto más dediques tus pensamientos a la parte peor y menos iluminada de tu vida, más acción será necesaria para conseguir algo, pues te falta **la luz como material de construcción** que pueda sustituir esas laboriosas acciones.

51 Sabiduría interior

Deje que resplandezca tu luz, ámate sin condiciones y dialoga siempre con tu sabiduría interior. De esa forma te podrás ahorrar una gran parte de tus acciones actuales. Las cosas que necesitas y deseas encontrarán por sí mismas el **camino hacia ti.**

Recoge tu petición 52

Piensa que la luz que irradias, además de la intuición, te informará del momento preciso para recoger la petición hecha al Universo justo delante de tu casa. Las peticiones al Universo funcionan tanto mejor cuanto más dejemos **resplandecer nuestra propia luz.**

53 La voz de tu intuición

Quien se gusta y **se siente bien consigo mismo**, oye de forma automática la voz de su intuición. Pero, por el contrario, quien no se guste a sí mismo o evite observarse de una forma franca para no experimentar el pesar, o bien para que eso no «le duela», ése no percibirá automáticamente la intuición.

No tengas prisa

54

Cuanto más prisa tengas, menos cosas experimentas de forma real. Cuanto más rápido vayas de un lugar a otro sin encontrarte bien en ningún sitio, ten por seguro que dejarás de experimentar **las auténticas cualidades de la vida.**

55 Confía en ti

No debes anular tus propias peticiones a base de constantes dudas, miedos y cambios en los pedidos. **Haz prácticas para confiar** en tu consejero interno con pequeñas inspiraciones.

Tú debes descubrir qué
es lo mejor para ti

56 Aplica tu método

Da lo mismo el método que hayas desarrollado, porque lo único que cuenta es que detrás de él debes tener una buena sensación. La forma cómo lo consigas **depende de tu propia creatividad.**

Elimina tus miedos

57

Limitarse a mirar, sin valorar lo que se ve, ayuda a centrarse en el presente y elimina los miedos de una forma automática, **consiguiendo una gran paz interior.**

58   Qué puedes hacer

Meditar acerca de la Naturaleza, observar una puesta de sol e imaginarse cómo se recoge y **guarda la luz** es algo que también puede ser muy útil. Pasear al aire libre y mirar todo con mucha atención mientras abrazas a distintos árboles para notar sus diferencias, eso también nos devuelve a nuestro «puro Ser».

Llénate de energía

59

Es importante levantar la propia energía, de modo que sean percibidas a tiempo las peticiones universales. De lo contrario acabamos por elegir, sin querer, la oportunidad más sombría en lugar de **la más luminosa**, ya que la primera aparece con nuestro propio mal estado de ánimo.

60   Sé creativo

Hay más de mil posibilidades para mejorar nuestra vida interior y lo interesante es ser creativo, pues lo de tener unas buenas ideas propias y llevarlas a cabo es algo que también **aumenta la energía.**

Más allá del éxito y el fracaso

61

Conseguir algo que mejore la vida de alguien, ya sea de uno mismo o de otras personas, incrementa la energía de una forma muy notable, a pesar de que resulte muy laborioso hacerlo. Prueba qué forma de mejorar la vida, propia o ajena, puede **darte más energía.**

62 Supera los problemas

Hay que limitarse a considerar cualquier problema que surja como una preparación para conseguir un enorme paquete de felicidad, y hay que utilizarlo para que nos sirva como **incremento de la energía.**

La toma de decisiones

63

Si no sirves a la hora de tomar decisiones, debes hacer prácticas preguntándote sobre cualquier nimiedad:¿Qué té deseo tomar? ¿Con quién me gustaría quedar este fin de semana? ¿Cuál es mi ruta favorita para hacer senderismo?.... Practica en la toma de decisiones. Hazlo a menudo y verás como te **llega la «gran oportunidad»**.

Tenemos que saber
interpretar las señales
que nos envía el Universo

Cuida tu mente y tu cuerpo

64

O cuparse, de forma alternativa o simultánea, del alma, el cuerpo y la mente es algo que incrementa la salud, el bienestar y la intuición. Es el óptimo terreno de cultivo para realizar **unas peticiones fructíferas y prolongadas al Universo.**

65 Escucha al Universo

El Universo nos ofrece todo de una forma muy constante y regular. La cuestión, en muchas ocasiones, radica en qué hacemos nosotros con las **oportunidades** que el Universo **nos ha brindado.**

Los deseos auténticos

66

Cuanto más sensible sea uno con sus deseos auténticos y, de esa forma, con la voz de la intuición y con las sugerencias del Universo, **aparecerán maravillosas casualidades** que ni tan siquiera habíamos pensado.

67 La magia de la vida

Reconocer las necesidades reales no sólo nos lleva a estar mejor en cada momento, sino que también incrementa y **refuerza nuestra luz interna**, y hace que nos conectemos con más facilidad a la magia de la vida para que nos ayude a recibir nuestras peticiones.

El Universo siempre escucha 68

El Universo no califica ni juzga, sino que oye todas y cada una de las peticiones que recibe y siempre está **de acuerdo en entregarlas.**

69 Debes estar preparado

No es que el Universo sea demasiado torpe y poco hábil para entender nuestras peticiones, sino que somos nosotros los simples y torpes a la hora de pedirlas. Debemos estar preparados para **recibir las entregas por las sendas más insospechadas.**

Nosotros somos los responsables de nuestras circunstancias

70 Que no pase de largo

Si pedimos algo y no estamos preparados para recibirlo **en el lugar más insospechado,** nuestro paquete pasará de largo de forma reiterada, en ocasiones muy cerca de los recorridos de nuestra rutina habitual, y acabará por descomponerse y no podremos alcanzarlo.

Que no se pierda

71

Ocúpate sobre todo de que tu petición no se pierda, igual que te has preocupado de enviar tu carta al correo. Para hacer la petición es igual la forma en que la emitas, basta con que **tengas una sensación de bienestar.**

72 Tú eres tu realidad

Repite siempre: «Yo sé que soy el creador/a de mi realidad, conozco la forma más rápida para **conseguir esto o aquello** y me alegro de que pronto vaya a recibirlo».

Pensamientos erróneos

Es importante dejar a un lado las cosas si compruebas que tus pensamientos son: «Yo debo disponer de esto o esto otro. Resulta muy importante para mí, y si no lo tengo no puedo vivir...». Con eso generas una realidad en la que, día a día, **te sentirás cada vez más débil y enfermizo.**

74 No pidas lo que no deseas

No debes repetir de forma constante lo que no deseas. Decir para ti mismo durante todo el tiempo lo que no deseas, **equivale a que sea eso lo que pides al Universo**. No le concedas a esa imagen mucha atención y la consiguiente fuerza y energía.

Relájate

75

Relajarse y dejar de lado los temas que nos obsesionan **abre el camino** para que nuestro interior fluya de nuevo. Tratar de hacer algo por obligación genera una barrera que interrumpe ese flujo y nos paraliza.

76   Un servicio de correos

E l servicio universal de peticiones se aseme-
ja a una empresa de ventas por correo: los
pensamientos nítidos originan **unos encargos
claros** y unas entregas igual de claras, todo es así
de sencillo.

En armonía 77

Si **estás satisfecho contigo mismo**, todos los niveles se encuentran en armonía. Cuanto más infeliz y desdichado te encuentres, más puedes asegurar que los diversos niveles (inconsciencia, conciencia y conciencia elevada) estarán enzarzados entre sí en luchas de mayor o menor magnitud.

Lo único que debes
hacer es no interrumpir
el diálogo con el
Universo, y entonces
todo funcionará

Lo importante eres tú

78

Firma la amistad y la paz contigo mismo. Date con frecuencia las gracias a ti mismo y ten en cuenta las necesidades de **tu cuerpo, tu alma y tu mente.**

79 Quiérete sin condiciones

Si te relajas durante cinco minutos al día y dices para ti mismo la frase: «Me quiero sin ningún tipo de condiciones» y lo **percibes de verdad**, lo que puede requerir algo de práctica, entonces se rescindirán los «anti-pedidos» inconscientes que hubieras realizado antes.

Ten una actitud positiva

80

Si encargas algo negativo, eso no contiene nada de luz y le falta el componente necesario para que se materialice. Por eso las cosas negativas no se pueden resolver, pues les faltan **los luminosos poderes auxiliares del Universo.**

81 La ayuda del Universo

La vida está muy interesada en las personas felices, pues estas **personas se preocupan de la Naturaleza** y de sus congéneres. La Naturaleza sólo es feliz si alguien se pone en marcha, sale de su ciénaga y está dispuesto a recibir la ayuda que le viene desde el Universo.

Puedes hacerlo

82

Aun cuando el mundo, en último lugar, es tan sólo lo que nosotros pensamos de él, el Universo insiste en enviarnos, una y otra vez, esos «regalos de promoción» para que nos demos cuenta de que no somos unas pobres víctimas, sino que **tenemos el poder suficiente** para colaborar de forma activa en la reorganización de nuestra vida.

83 Cultiva la gratitud

La gratitud siempre es buena. Y la mejor forma de mostrar agradecimiento es **sentirse satisfecho con el pedido** que se nos ha suministrado.

El auténtico sentido

84

Quien de una forma desmesurada agradezca las cosas «con original y siete copias» pero, a pesar de eso, no se sienta a gusto y se quede insatisfecho con la entrega, se habrá comportado en apariencia de una forma «correcta», pero no engañará al Universo, que sabe de inmediato que le falta el auténtico sentido de la **gratitud frente a la vida.**

85   Estar en paz

S er agradecido nos ayuda a estar en paz con nuestra situación actual, cualquiera que sea el aspecto que tenga. Cuando estamos en paz crecen nuestras fuerzas interiores y exteriores y con ellas **podemos alcanzar todo lo que deseamos.**

¿Cómo pedir al Universo?

Organiza
tu energía

86

En el momento en que uno organiza su propia energía en épocas de desánimo (por ejemplo a través de la meditación) y con ello **crea una especie de marea energética en su propio interior**, el Universo también hace sus entregas.

87 El mejor camino

A base de admitir nuestra propia posición en la vida, se puede encontrar de forma muy sencilla el camino óptimo al que nos queremos **dirigir de verdad.**

La aceptación

88

S i te inhibes de **tu estado del ser**, luego te va a suponer mucho esfuerzo encontrar el camino que te lleve al lugar al que quieres ir; por eso es necesaria la aceptación del ser, pues de lo contrario sería una lucha absurda.

89 Sé tu propio amigo

El Universo se mantiene neutro y no juzga, lo único que hace es entregar las peticiones. Pero si tú desaprovechas la oportunidad de ser tu propio amigo, no dudes en que perderás tus pedidos de una forma sistemática y te sentirás ciego **ante todas las oportunidades.**

El Universo está en ti 90

Tienes que ser amable contigo mismo. **Ocúpate de sentirte bien contigo** y luego comprobarás que el Universo está en ti y podrás recibir todas las peticiones que has enviado.

91 Esa gran pregunta

Pregúntate a ti mismo: ¿Dónde me encuentro ahora mismo en mi propia vida? **¿Estoy en paz con todo** lo que me rodea y he vivido, o hay parcelas con las que no me siento satisfecho?

Lo mejor es dejar que actúe el destino

92 Sé feliz

Si estás contento con todo, ese es un requisito óptimo para que puedas **hacer las peticiones más variadas**, y vivir todas las experiencias que has deseado siempre.

El poder para cambiar 93

Haz todo lo que sea necesario para tener paz en todos los sectores de tu vida que desees cambiar. **Tan pronto como te sientas en paz** en ellos, por ti fluirá el poder de una modificación automática.

94 Crea tu realidad

Quien siembra fealdad no podrá acabar por cosechar hermosura. Recuérdalo, tú no eres cualquiera, sino un maestro a la hora de crear tu propia realidad personal. Por eso es importante que **prestes atención a lo que quieres crear.**

No rechaces
la novedad

95

Si quieres algo nuevo, pero luego rehúsas todas las novedades que se **cruzan en tu camino**, el Universo acabará por escribir en tu ficha lo siguiente: «Devuelve todos las peticiones, es un caso complicado».

96 ¿Qué te divierte?

Si quieres orientarte de un modo rápido, dedícate de forma regular a hacer cosas que antes tomabas como infantiles, banales o fuera de lo normal. Averigua cuál de ellas te divierte y **redescubre de nuevo la vida**.

Lo que más necesitas

97

Si algo no funciona no lo conviertas en una sensación de impotencia o de debilidad. Lo que necesitas hacer es todo lo contrario, es decir, **llenarte de fuerza y energía**.

98

Ten fe

El Universo no funciona en sentido contrario, es decir, que primero te envía la petición y luego tú confíes en él. Todo actúa de forma que tú **generas la situación** a partir de tu fe y no al revés.

Modifica tu realidad

99

Imagínate que algo no marcha y que tú eres el desencadenante. Sólo necesitas **mirar en ti mismo** y preguntarte cómo has llegado a esa situación; de esa forma sabrás sobre qué principios se crean las realidades y luego las podrás modificar.

100 Aprende de los errores

Comienza con los asuntos absurdos de los que te sientes responsable, algo que hayas vivido o que te haya ocurrido. Y además hazte responsable de los errores y de las oportunidades y, en cualquier caso, ¡no te tomes todo a mal! **Sé amable y paciente contigo mismo**.

Cambia tu interior 101

Quien no cambia nada en su interior pide de una forma inconsciente «el infierno» y espera, sin embargo, que le sea suministrado «el cielo». Pero lo cierto es que **nosotros somos tan responsables** de las peticiones positivas como también lo somos (de forma inconsciente y automática) de las negativas.

Aunque sólo existiera una
única verdad, no se podrían
pintar cien cuadros sobre
el mismo tema

Tú eres el responsable

102

Está equivocado el que cree que puede mantener durante todo el día una actitud negativa, hacer responsable a todo y a todos y, entre lamentos y quejas, tratarse a sí mismo **como si fuera una pobre víctima** para, después, limitarse a presionar una especie de «botón verde» de solicitudes al Universo y vivir ya para siempre en el Paraíso.

103 Aprende de la vida

Todos los problemas son sólo la forma de que dispone la vida para decirte que no tienes más remedio que acabar **siendo amable contigo mismo**. Una vez que lo empieces a entender, todo comenzará a cambiar poco a poco.

Trabaja con el Universo 104

Quien trabaja conjuntamente con el Universo puede doblar o incluso **triplicar su eficiencia** en todos los aspectos de su vida, en algunos casos incluso puede llegar a conseguir una eficacia diez veces superior.

105

Lo mejor para ti

Hazte una lista de cosas que te hacen sentir bien. Piensa cómo y en qué momento puedes tratarte a ti mismo de una forma afable y **ponlas en práctica** cada día.

No pierdas el tiempo

106

Ten siempre en cuenta que las peticiones que envías al Universo que te hacen infeliz, tardan mucho más en llegar que aquellas que **nos aportan felicidad**.

107 El Universo es ilimitado

Una vez a la semana mira, al menos durante diez minutos, el cielo despejado y percibe el ilimitado poder del Universo. Aspira esa **sensación de inmensidad** y mantenla en tu corazón.

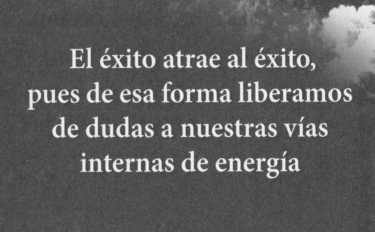

El éxito atrae al éxito,
pues de esa forma liberamos
de dudas a nuestras vías
internas de energía

108 Reconoce tus peticiones

El Universo lo entrega todo. Aprende a estar en el lugar correcto en el **momento adecuado** para poder reconocer las peticiones que has deseado, y que esperas recibir con ansiedad

Descubre tus principios

109

Lo único que has de descubrir es cómo y con qué principios has generado tu realidad hasta este momento para, de esa forma, **utilizar esos principios** de un modo consciente y siempre en beneficio tuyo.

110 Encuentra tu camino

Para cada persona hay un camino individual, que en ocasiones puede resultar muy anómalo, para conseguir una vida plena y feliz. Practica cómo reconocer y **valorar tu núcleo más interior.**

Satisface tu espíritu 111

Sé amable contigo mismo para deshacerte de la frustración que en ocasiones se establece en nosotros al decir: «A veces debo hacer **algo bueno para mí mismo**». Encuentra las necesidades de tu espíritu y dales satisfacción.

112 Siempre hay tiempo para cambiar

Ya que has conseguido generar el exterior a partir de tu interior, si observas que en ese exterior hay algo que no te gusta, lo primero que debes hacer es **modificar algo dentro de ti**.

Elimina la frustración

113

Para conseguir llegar a ser un **excelente receptor** de inspiraciones y de peticiones universales, basta con preocuparte de «eliminar tu frustración» y alejar la ira.

114 Huye de la compasión

Si te encuentras en un estado de ánimo sombrío y melancólico tendrás que **ir en busca de las oportunidades**. Y cuanto más melancólico seas y más compasión sientas hacía ti mismo, más deprisa se alejarán de ti esas oportunidades que tanto te podían ofrecer.

El sentimiento como principio 115

Recuerda que al final del conocimiento está el principio del sentimiento. Y detrás de eso hay mil veces más conocimientos y posibilidades que puede ofrecerte el **entendimiento racional**.

Puede que el Universo tenga algo mejor para ti, hay que estar en constante diálogo con él

Plan semanal para mejorar la intuición

Lunes

116

En algún momento de este día tómate 15 minutos y dedícalos a hacer un breve ejercicio de relajación. Hazte una lista de las temas que más te agradan de ti mismo y luego medita unos diez minutos sobre la frase «**Me quiero a mí mismo sin condiciones**».

117 Martes

Piensa hoy en las pequeñeces que no son perfectas en tu vida. Haz que el martes sea el día de tramitar las más molestas nimiedades, y genera una lista con los rincones oscuros que quedan aún en tu vida (en esa lista no hay que buscar grandes problemas). Luego piensa cómo puedes iluminar esas esquinas más sombrías y cómo puedes deshacerte de esas manchas oscuras, de modo que pueda **entrar la luz con total libertad.**

Miércoles

118

Hoy deberás tomarte al menos veinte minutos de tu tiempo para hacer una observación intensa de la Naturaleza. Da igual que abraces un árbol, te sientes junto a un pequeño arroyo o contemples las hojas movidas por el viento. Imagínate que la fuerza que ha creado todo eso está **dentro de ti** y que tú puedes utilizarla.

119 Jueves

Vaya!, hoy va a ser un día bastante duro. Debes pensar en algo que te ayude a mantener **tu bienestar, tu energía** y **tu intuición** de cualquier forma. Puedes pedir ayuda al Universo para que te proporcione las ideas más hermosas, pero haz del jueves un día para lo nuevo y busca un ejercicio exclusivo creado para ti.

Viernes

120

Te bastará con cinco minutos, pero también puedes prolongarlo. Está permitido todo, incluso hacer peticiones al Universo, enviar **luz, fuerza** o **energía** a alguien que la necesite de forma especial (¡por nada del mundo lo mandes a través de tu mente, debes encargárselo al Universo!).

121 Sábado

Busca una sensación que te gustaría experimentar. Luego siéntate con comodidad y mantén tu vista fija en esa sensación. **Limítate a mirar**, da igual lo pequeño o débil que pueda resultar en ese momento. Ya que todo está contenido en todos, y tenemos la capacidad de llevar con nosotros cualquier sentimiento en cualquier momento, para nosotros también hay disponible un resto de esa sensación.

Domingo

122

El fin de semana significa para la mayoría de las personas tiempo libre y de relajación. Por lo tanto hay que mantenerse ocioso y relajado. Recuerda tu juego infantil preferido y prueba a disfrutarlo de nuevo. O bien haz algo que no tenga ningún objetivo que no te suponga ningún esfuerzo. Tómate en serio este ejercicio y practícalo de una forma real. **¡No es tan inútil como parece!**

¡Ámate a ti mismo y el contacto con tu guía interior será mejor cada vez!

Y recuerda...

Resulta inevitable

123

Nosotros no podemos impedir que el Universo escuche nuestras peticiones, ya que todos nuestros pensamientos y sentimientos están registrados como si se tratara de un **ordenador cósmico**.

124 Todo llegará

El Universo siempre está ahí y te escucha incluso aunque seas del todo escéptico. Sólo te pide que **confíes en ti mismo** y te quieras un poco más cada día.

Conoce la pregunta

125

L a pregunta que debes hacerte no es: ¿Cómo puedo mejorar mi técnica de hacer mis peticiones?, sino: ¿Qué es lo que **puedo hacer mejor para aceptar** la entrega?

126 Lo más importante

Estar en conexión con nuestra sabiduría interior y con la intuición, que van a ser las que nos permitan hacer lo correcto en el **momento y lugar adecuados** a fin de que no rehusemos la petición.

Haz ejercicio

127

En un estado relajado y abierto, el ánimo mejora y puedes encontrarte mejor. **Un buen paseo cerca del mar** te ayudará a eliminar el estrés y la frustración. Piensa siempre qué es lo que mejor le sienta a tu yo interior.

128 No esperes

L lamar a la puerta y entregar la petición es algo que no suele ocurrir con frecuencia en el caso del servicio de entregas del Universo. Ten en cuenta que **las sorpresas** más maravillosas aparecen en los lugares que menos esperas.

Lo que tienes que hacer

129

Estimular la sabiduría interior y la intuición no solo resulta un ejercicio sencillo sino, además, muy agradable. **Inténtalo para tu propio beneficio.**

Tras los nubarrones, el cielo es de color azul

La respuesta está en nosotros 130

L as peticiones funcionan si nos dejamos guiar por nuestra **propia luz**. Si no conectamos con el Universo, debemos preguntarnos: ¿Qué hay en nuestro interior que no nos lo permite?

131 Resulta muy sencillo

U no sólo necesita ser afectuoso consigo mismo todos los días del año. Si lo consigues todas las peticiones que envías al Universo serán recibidas y **entregadas con la mayor efectividad.**

Sólo tienes que quererte 132

Quien se quiera y se siente bien con uno mismo, recibirá de forma automática **la luz y energía** de su consejero interno.

133 Siempre dispuesto

No rehúses ni una sola entrega de tus peticiones, así podrás incrementar tu energía y atraer los encuentros positivos y **los acontecimientos de todo tipo.**

Ten paciencia 134

Toda carencia de alegría debe ser compensada con más acción. Si tu estado de ánimo no te permite hacer la petición que deseas, ten paciencia y **empieza por resolver los conflictos** más insignificantes.

135 Evita los retrasos

Repite siempre: «Me quiero a mí mismo sin condiciones». A partir de ese momento concluirán **para siempre** los problemas de retrasos en las peticiones universales.

Los sentimientos de confianza sirven siempre para elevar nuestra energía

136 Sin esfuerzo

No debes esforzarse demasiado para conseguir ser un maestro en **la creación de tu propia realidad**, pues ya lo eres.

Lo primero eres tú

137

Lo más importante en primer lugar es que te reconozcas a ti mismo en primer lugar. Sólo si tu te encuentras bien podrás **mejorar tu entorno**, y llenar de felicidad a la gente que te rodea.

138   Hazlo por ti

Si puedes descubrir dentro de ti los motivos que dan luz en tu interior, **tendrás en la mano la llave** para crear de modo consciente tu vida futura.

Alcanza tu felicidad

139

Da igual en qué momento se encuentre tu vida y cuál sea tu posición de partida. La vida te tiene preparadas unas posibilidades muy particulares, a fin de que tu existencia transcurra **en plena felicidad.**

140 Busca tu camino

Lo que la vida tiene de grandioso es que quiere apoyarnos para que nos **hallemos a nosotros mismos**; lo que le proporciona mayor satisfacción es que uno se encuentre a sí mismo y a su propio camino.

Sólo te queda esperar 141

Piensa siempre que tus deseos aparecerán por sí sólos, pues eres feliz, **irradias felicidad** y ofreces felicidad a los demás. ¿Verdad que resulta sencillo?

142 Pon un poco de luz en tu vida

L as oportunidades acabarán por llegar a ti si sientes alegría y franqueza. El Universo siempre escucha a aquellos que **irradian la luz de su ser interior.**

Haz algo bueno

143

Nada más hacer la petición realiza algo bueno que te haga sentir bien y, gracias a ese bienestar, **deja libre el camino** para las respuestas que el Universo da a tu ser interior.

Sólo encontrará sus
auténticos poderes el que
se sienta identificado
con su alma y no con su
intelecto

Vive tu presente

144

Las peticiones que llegan antes son para aquellas personas que se encuentran muy centradas y dotadas de **gran cantidad de energía propia**, y que son felices con su situación actual.

145

No te preocupes

Si envías una petición con toda tu energía, puedes confiar con toda tranquilidad en que vas a estar en el **lugar y el momento adecuados** para recibirla.

Cómo hacer la petición 146

Para hacer una petición al Universo escribe con buena letra, no pienses mucho en si te llegará cuando tú lo esperas y **no modifiques los sentimientos** que te llevaron a enviarla.

147 Ten siempre seguridad

En el momento en que encargas algo que es muy evidente, percibes que en ti **se ensanchan de golpe los sentimientos** hacia todos los encargos deseados: tranquilidad, despreocupación, confianza absoluta, seguridad, etc.

No importa la petición 148

No tiene ninguna importancia que lo que pidas sea sensato o no lo sea, se trata tan sólo de un truco para que **tu visión de las sensaciones se oriente en la dirección correcta.**